1 — 22 / 16495.

EXTRAITS

DE QUELQUES JOURNAUX

AU SUJET DE LA MORT

DE M. LE COMTE DE PONTEVÈS.

EXTRAITS

DE QUELQUES JOURNAUX

au sujet de la mort

DE M. LOUIS-JEAN-BAPTISTE-EDMOND, COMTE DE PONTEVÈS, GÉNÉRAL DE BRIGADE, COMMANDEUR DE L'ORDRE IMPÉRIAL DE LA LÉGION-D'HONNEUR, GRAND-CROIX DE L'ORDRE DE St.-GRÉGOIRE-LE-GRAND, COMMANDANT LA 2ᵉ BRIGADE DE LA DIVISION DE LA GARDE-IMPÉRIALE DU CORPS DE RÉSERVE DE L'ARMÉE D'ORIENT ;

Blessé mortellement à la tête d'une colonne, à l'assaut de Malakoff, le 8 septembre 1855, et mort de ses blessures le 9 à 10 heures du soir, au quartier-général, à l'âge de 50 ans, après avoir reçu les sacrements de l'Église.

EXTRAIT DU JOURNAL L'UNION, DU 20 SEPTEMBRE 1855.

Une de nos familles du Midi, dont le nom est depuis longtemps cher à nos amis, vient d'être cruellement et glorieusement frappée. Le général de Pontevès a été tué en montant à l'assaut de Malakoff. La *Gazette du Midi* consacre les lignes suivantes à ce compatriote digne de tant d'estime et de regrets : (N.º du 16 et 17 sept.)

« Hier, à l'issue du *Te Deum*, M. le maire de Marseille, accompagné de tous ses adjoints, s'est rendu chez le père de M. de Pontevès, pour lui exprimer la part que prend toute la cité à son affliction. M. de Pontevès père était parti la veille pour Narbonne, ignorant encore le malheur qui venait de le frapper.

« La démarche toute spontanée de la municipalité Marseillaise témoigne assez des sympathies qui entourent parmi nous cette digne et excellente famille, dont le nom est attaché aux meilleures pages de l'histoire de Marseille.

« L'armée d'Alger, qui apprit à connaître les qualités militaires du général, sa bienveillance si parfaite, sa sollicitude de père pour le soldat, joindra ses regrets aux nôtres. Le gouvernement pontifical et la société romaine se souviendront aussi du séjour de M. de Pontevès dans cette capitale, où il manifesta si bien ses sentiments d'ordre et de religion, et continua les traditions de son honorable parent M. le général de Rostolan. Là, autant que dans l'état-major de Crimée, cette perte sera vivement ressentie.

« Appelé au commandement d'une brigade dans la garde impériale, M. de Pontevès était à peine depuis quelques mois en Orient, lorsqu'une mort prématurée l'a enlevé à l'affection de ses troupes et de sa famille. » — *E. Roux*.

Dimanche, à l'issue du *Te Deum*, qui a eu lieu dans la cathédrale d'Angoulême, Mgr. l'évêque s'est avancé en avant du sanctuaire, auprès des autorités, et a, d'une voix émue, prononcé les paroles suivantes :

« Mes frères, lorsque j'écrivais le mandement dont vous avez entendu la lecture, j'étais, comme vous, tout entier à la joie de cette grande victoire et aux espérances qu'elle met au cœur de tous les vrais français, c'est à dire de tous les vrais chrétiens. Je n'ignorais pas sans doute, je ne pouvais pas ignorer combien chèrement elle avait été achetée, et j'avais dès lors la pensée de célébrer, ici, dans cette cathédrale, un service solennel pour le repos de l'âme de nos

— 5 —

frères, morts si glorieusement dans ces dernières batailles.

« Mais j'ignorais, ce dont il ne nous est plus possible de douter aujourd'hui, qu'au milieu de tant de pertes douloureuses, il y en avait une qui nous touchait plus sensiblement que toutes les autres ; que l'excellent, le brave, le pieux général de Pontevès, qui nous aimait tant et que nous aimions tant, avait succombé à la glorieuse blessure qu'il a reçue à l'assaut de Sébastopol.

« D'accord avec M. le préfet, qui est entré de tout cœur dans cette pensée, j'ai réglé qu'un service solennel serait célébré, ici, jeudi prochain, à neuf heures précises, pour notre cher général, pour les officiers et soldats, enfants de ce diocèse, et généralement pour tous les militaires catholiques qui ont péri dans cette expédition. Je crois vous connaître assez, messieurs, pour être certain que tous vous voudrez y assister et unir vos prières aux nôtres. »

Il y a quelques jours, les dépêches qui nous apprenaient la prise de la tour Malakoff et l'évacuation de la Karabelnaïa, nous faisaient connaître en même temps le nom de quelques-uns des officiers généraux qui avaient trouvé la mort dans la glorieuse, mais sanglante journée du 8 septembre. — Dans le nombre se trouvait celui du général de Pontevès.

Deux lettres publiées aujourd'hui par plusieurs feuilles de cette ville, rappellent à nos concitoyens les liens qui les rattachaient à ce brave et regrettable officier. Nous nous faisons un devoir de reproduire ces deux pièces, qui constatent les rares qualités du cœur et de l'âme de l'homme que nous venons de perdre.

M. de Pontevès, avait commandé à Bordeaux le 75me de

Ligne. Ceux de nos compatriotes qui l'ont connu, tous ses anciens compagnons d'armes, aimaient à rendre justice à son grand caractère, à sa noblesse, à son courage, à sa piété touchante, à sa charité inépuisable. En garnison à Bordeaux; au siège de Rome, où il avait été envoyé; devant Sébastopol, où il commandait une brigade de la garde impériale, il s'était toujours montré tel qu'il fut toujours, froid et calme dans les relations de la vie privée, d'une intrépidité chevaleresque devant l'ennemi, enfin mettant en toute circonstance sa bourse particulière au service de ses amis, de ses camarades et de tous les malheureux qui pouvaient se trouver dans la nécessité d'y avoir recours.

Ce peu de mots ne peut donner qu'une faible idée des qualités de l'ancien colonel du 75e, aussi laisserons-nous la parole aux auteurs des lettres qu'on va lire; ils diront mieux que nous ne pouvons le faire, ce que fut le général de Pontevès et quel homme de cœur a perdu en lui l'armée française. Henry Ribadieu.

« Monsieur,

« En lisant dans votre estimable journal le récit glorieux de la prise de Sébastopol, les efforts héroïques de nos soldats, en même temps que le tableau des pertes douloureuses pour le pays, qui sont la triste condition de toute guerre, j'éprouve le pénible besoin de dire ce que la mort du général de Pontevès, mon parent et mon ami, a dû faire éprouver de regrets à tous ceux qui le connaissaient... Bordeaux même où il a commandé en qualité de colonel un des régiments de la garnison dans ces dernières années; et où il sut si bien réunir toutes les sympathies, accueillera, je suis sûr, cet hommage dû à la mémoire de l'officier distingué, de l'homme de bien, du vrai citoyen.

« Le général Edmond de Pontevès, l'aîné de quatre fils, dont deux sont le duc et le comte de Sabran-Pontevès, tous

destinés à l'état militaire, né à Marseille d'une famille honorable de Provence, entra de bonne heure au service et fit
ses premières armes en Espagne en 1823.

« Passé ensuite dans la garde royale, il rentra dans un régiment de ligne après 1830, et fut en Afrique où il se distin-
gua, et notamment à Bougie..... L'Afrique fut le théâtre
d'une grande partie de sa vie militaire; il y retourna encore
en qualité de chef de bataillon et eut dans l'intérieur, pendant
plusieurs années, un commandement délicat et de confiance
dont il s'acquitta avec honneur.

« Ce n'était pas sans amertume qu'il revoyait toujours
cette terre d'Afrique qui avait été aussi le prix du sang d'un
de ses frères tué au combat de Staouëli lors de la conquête
d'Alger.

« Le comte de Pontevès, absorbé par les devoirs de son
service, était presque perdu pour sa famille, qui le possédait rarement; il ne prenait, en effet que de bien rares
congés, parlait peu et ne racontait jamais, par modestie,
les phases de sa vie aventureuse et si bien remplie.

« Passé lieutenant-colonel, le comte de Pontevès se distin-
gua au siège de Rome d'où il revint prendre à Bordeaux le
commandement du 75e de Ligne, régiment de nouvelle for-
mation.

« C'est là que tout le monde a pu apprécier les solides et
brillantes qualités de l'homme que l'armée et sa famille
pleurent aujourd'hui.

« Nommé général, et envoyé à l'armée d'occupation à
Rome, les regrets de son régiment le suivirent, car il en
était comme le père et l'ami.

« Appelé par la confiance de l'Empereur au commandement
d'une des brigades de sa garde, le général de Pontevès vient
de mourir glorieusement devant Sébastopol, ajoutant ainsi
un nom de plus à cette vaillante phalange de morts qui
vivront éternellement dans la mémoire de la France!

« Le général de Pontevès savait allier les rudes qualités du soldat aux douces vertus du chrétien et de l'homme privé. Il fut l'orgueil de notre famille et de son pays ! Nous disions de lui comme de Bayard : *Sans peur et sans reproche !*

« Agréez, Monsieur le rédacteur, l'assurance de mes sentiments les plus distingués.

« A.-B. DE FONTAINIEU.

« Château de Sallegourde, à Villenave-d'Ornon, le 16 septembre 1855. »

Nous recevons la lettre suivante :

« MONSIEUR LE RÉDACTEUR,

« Par votre estimable journal du 14 courant nous apprenons avec le plus grand plaisir la nomination de M. le capitaine Léger au grade de chef de bataillon. M. le commandant Léger est notre ami et notre ancien camarade du 75ᵐᵉ de Ligne, de plus, notre compatriote; à tous ces titres nous devons être fiers du grade qu'il vient d'obtenir sous les murs de Sébastopol. D'un autre côté, Monsieur le rédacteur, votre journal du lendemain nous apprend la mort du brave et bien digne général de Pontevès, qui aurait succombé par suite des blessures reçues en conduisant sa brigade à l'assaut de la tour Malakoff. La mort du brave général de Pontevès ne peut passer inaperçue à Bordeaux; il était aussi notre compatriote. Il était aimé et estimé de tous ceux qui l'ont connu, alors que, colonel du 75ᵐᵉ il commandait à Bordeaux.

« Comme militaire, le général de Pontevès était d'une bravoure calme et héroïque. Il était l'ami de ses officiers et le père de ses soldats.

« Comme homme privé, le général de Pontevès était chrétien, vertueux et charitable. Le noble usage qu'il faisait de sa fortune et de sa solde même, a soulagé bien des infortunes et des malheurs, qui ont très-souvent ignoré la main qui les secourait.

« La carrière militaire du général de Pontevès a été belle. Très-jeune officier, il a servi longtemps en Afrique. Nommé colonel du 75e au siège de Rome, revenu de Rome comme général de brigade, rappelé en France et mis à la tête d'une brigade de la garde impériale, parti pour la Crimée où il a pris part à plusieurs combats, il est mort de la mort des braves, sur les murs de Sébastopol, avec ses héroïques officiers et soldats.

« Nous croyons remplir un devoir en rappelant la mémoire du digne général de Pontevès à ses compatriotes, à ses anciens amis et camarades, qui, comme nous, lui accordent sans nul doute de sincères regrets.

« J'ai l'honneur d'être, Monsieur le rédacteur, avec une parfaite considération, votre très-humble serviteur.

« PRÉVOT, capitaine au 75e, en retraite.

« Bordeaux, le 16 Septembre 1855. »

EXTRAIT DE LA GAZETTE DU MIDI (*Marseille*), DU 22 SEPTEMBRE 1855.

La mort du si regrettable général de Pontevès vient d'inspirer un chant funèbre à notre poëte aimé, M. Joseph Autran. Au chantre des héros de *Milianah*, à l'auteur du récent et beau poëme *Laboureur et Soldat*, il appartenait mieux qu'à tout autre de payer le tribut littéraire à l'un des plus nobles enfants que la Provence ait envoyé vaincre en Orient et s'ensevelir dans le triomphe éclatant de nos armes !

Nous devons à l'heureuse indiscrétion d'un ami commu-

nication des strophes par lesquelles M. Autran exprime son
admiration et sa douleur, écho des sentiments universels.

Cauvière.

A LA MÉMOIRE DU GÉNÉRAL DE PONTEVÈS,

Tué à l'assaut de Sébastopol.

I.

Oui, le triomphe est juste et l'orgueil légitime !
Les grands peuples, mêlés dans un pacte d'estime,
Ont rajeuni l'éclat dont ils marchaient couverts.
A leur succès commun tout rendra témoignage ;
Leurs noms entrelacés s'uniront d'âge en âge
    Dans les bravos de l'univers !

II.

L'imprenable cité, la formidable enceinte,
La cuirasse des czars, le joyau, l'Arche-Sainte,
La ville aux murs de bronze, aux blocs de diamant,
Dont jamais, disaient-ils, on ne verrait la perte,
N'est plus qu'une ruine à tous les vents ouverte,
    Qu'un débris, un charbon fumant !

III.

Sur cet amas de tours, d'arsenaux, de tanières,
Les soldats sans rivaux ont planté leur bannières.
Chantons-les, acclamons les vaillants et les forts ;
Joyeux et largement distribuons la gloire ;
Mais ne frustrons personne, et que notre mémoire
    Fasse avant tout la part des morts !

IV.

A ceux qui, champions de la ligue sacrée,
Ont rougi tour à tour la poussière altérée
Durant les douze mois d'un combat incessant,
Accordons une larme, un vers pieux et sombre ;
Une larme, est-ce trop pour des martyrs sans nombre ?
        Est-ce trop pour des flots de sang ?

V.

Pleurons surtout, pleurons ceux qui, lutteurs insignes,
Aux suprêmes assauts ont entraîné nos lignes ;
Ceux qui de la tempête ont pris le plus épais,
Allant nous conquérir, victimes volontaires,
Ce faisceau de donjons, ce foyer de cratères,
        D'où peut éclore enfin la paix.

VI.

Tu fus un de ceux-là, noble enfant de ma ville,
Que nous avons connu, grand cœur, bonté facile,
Modeste, sous un nom de haut patricien,
Sachant que, par ces temps de niveau populaire,
Nul n'emprunte aux aïeux leur honneur séculaire
        S'il ne fait la preuve du sien.

VII.

De ton front grave et doux nous garderons l'image,
Je ne sais quoi de triste y semblait un présage
De la mort que, sans peur, de loin tu regardas.
Ton âme pour nos temps fut trop pure peut-être.
Cependant nous t'aimions ; — qui savait te connaître,
        T'aimait... comme un de tes soldats !

VIII.

Soldats et généraux, tes chers compagnons d'armes,
A l'aspect de ta mort tous ont versé des larmes,
Toi seul, à son approche, es resté souriant ;
Calme, tu l'as reçue en vrai fils de ta race,
En fils de ces croisés dont tu cherchais la trace
    Aux régions de l'Orient.

IX.

Dors, loin de nous, hélas ! dans la paix éternelle.
Cette paix du Seigneur, qui t'a pris sous son aîle,
Après tant de combats sera douce pour toi.
Ton âme en son espoir n'a pas été trompée,
Soldat mort en baisant la croix de ton épée,
    Mort pour la France et pour ta foi !

X.

Aux heureux survivants les nouvelles conquêtes,
Le triomphe pour eux, pour eux les chants de fêtes !
Toujours la piété gardant vos noms bénis
Ira s'agenouiller sur vos tombes lointaines,
O vous, morts bien-aimés, soldats et capitaines,
    Sous l'œil de Dieu tous réunis !

AUTRAN.

La Malle, 18 Septembre.

EXTRAIT DU MONITEUR DE L'ARMÉE DU 25 SEPTEMBRE.

De Pontevès (Louis - Jean - Baptiste - Edmond) naquit à
Marseille le 24 juin 1805.

Admis à l'école militaire de St.-Cyr le 1er novembre 1822,

il fut nommé sous-lieutenant au 20e régiment d'infanterie de ligne le 1er octobre 1824, et fit avec ce corps les campagnes de 1826 à 1828 en Espagne.

Passé avec son grade au 1er régiment de la garde le 28 octobre 1829, il fut breveté lieutenant le 11 août 1830, et licencié le 22 du même mois.

Rappelé au service comme lieutenant au 4me régiment d'infanterie de ligne le 16 décembre 1830, il fit les campagnes de 1831 à 1834 en Afrique.

Cité à l'ordre du jour de l'armée pour s'être distingué à l'affaire du 11 octobre 1833 livrée contre les Arabes devant Bougie, il reçut la croix de la Légion-d'Honneur le 5 janvier 1834.

Capitaine le 26 avril 1837; chef de bataillon au 25me Léger le 14 avril 1844, il passa, le 18 du même mois, au 13e Léger, à l'armée d'Afrique où il fit les campagnes de 1844 à 1847; il fut nommé au grade d'officier de la Légion-d'Honneur le 26 avril 1846.

Pendant son séjour en Afrique, M. de Pontevès commanda avec distinction de 1844 à 1847 le poste de Tiaret : son caractère honorable, son éducation parfaite, la connaissance qu'il avait des langues espagnole et arabe le rendirent précieux dans ces importantes fonctions.

Lieutenant-colonel le 22 septembre 1847, M. de Pontevès passa à l'armée d'Italie en 1849, et y fut nommé colonel du 75e de Ligne le 26 juillet de cette année. Rentré peu de temps après en France, il reçut la croix de commandeur de la Légion-d'Honneur le 10 mai 1852, à l'occasion de la revue passée au champ de Mars pour la distribution des aigles à l'armée.

Général de brigade le 1er janvier 1854, il fut appelé le 10 mars suivant au commandement de la 1re brigade d'infanterie de la division d'occupation en Italie : honoré de la bienveillance du souverain Pontife, il reçut successivement la croix de commandeur, puis la grand'croix de l'ordre de St.-Grégoire-le-Grand. Au mois d'avril 1855, il fut nommé commandant de la brigade de la Garde, restée en France ; enfin, au mois de juin dernier, il partit pour l'armée d'Orient à la tête d'une brigade de la même arme.

M. Paris de Bollardieu, intendant militaire de la Garde impériale, ancien frère d'armes du général de Pontevès, a prononcé sur sa tombe, au milieu du plus profond recueillement de toute l'assistance, quelques paroles d'adieu noblement exprimées que nous regrettons de ne pouvoir reproduire.

Extrait de la Gazette du Midi du 26 septembre.

Un ami de M. le général de Pontevès veut bien nous communiquer quelques détails sur les derniers moments de notre brave et malheureux compatriote.

« C'est en conduisant une des colonnes d'attaque à l'assaut de la courtine entre Malakoff et le petit Redan du Carénage que M. de Pontevès a été frappé mortellement et à la fois de deux balles et d'un éclat d'obus, et qu'il est tombé sans connaissance. Pendant que son aide-de-camp, M. Lamy, secondé par quelques soldats de l'escorte, cherchait à le relever, le feu de l'ennemi avait redoublé ; une grêle de balles et de mitraille est venue renverser tous ceux qui s'occupaient de ce pieux devoir et faire au général de nouvelles blessures. Ce n'est qu'après des efforts inouis et au milieu des plus grands dangers qu'il a été possible de l'éloigner du lieu du combat et de le conduire à l'ambulance du quartier-général où les médecins reconnurent bientôt qu'il n'y avait aucun espoir de lui conserver la vie. Une balle avait traversé le cou ; la tête était aussi frappée et une épaule fracassée.

« A partir de ce moment et même pendant le trajet, aussitôt qu'il eut repris connaissance, le général s'occupa de ses dernières dispositions avec un calme, une résignation qui dénotaient la force de son caractère et la foi profonde qui l'animait ; il reçut avec ferveur les secours de la religion ; il donna toutes ses instructions relativement à la vente de ses chevaux, de ses équipages dont il voulut que le produit fût consacré à des bonnes œuvres. Il chargea son aide-de-camp de transmettre à sa famille tous les détails de sa mort et des souvenirs précieux ; il n'oublia pas non plus les pauvres de Marseille, sa ville natale, et plus particulièrement ceux de Saint-Charles, sa paroisse, et le 9, à dix heures du soir, il rendit sa belle âme à Dieu.

« M. de Pontevès est mort en héros, mais en héros chrétien. Sa perte a été vivement sentie dans l'armée qui l'estimait entre les plus dignes.

« Le 11, les honneurs funèbres dûs à son rang lui ont été rendus.

« M. Paris, l'intendant militaire de la division de la garde, prononça sur sa tombe un discours parti du cœur : les larmes coulaient des yeux de cette foule de généraux, d'officiers, de soldats qui se pressaient pour rendre les derniers devoirs au général qui s'était fait aimer, adorer de ses troupes par sa justice et sa bonté. Voici ce discours : »

« Nous rendons les derniers honneurs à un général de la garde impériale tué sur la brèche.

« Nous ne sommes pas seuls appelés à remplir ce pieux devoir.

« Dans les autres divisions comme dans celle de la Garde, la foule se presse recueillie autour de ces grands morts que la parole humaine ne saurait assez louer.

« Pour moi, je viens vous entretenir de celui qui vivait, il y a peu de jours, au milieu de nous, calme et souriant dans les plus mauvais jours comme dans les meilleurs, ferme mais bon dans les obligations du service, affable dans les relations de la vie privée, brave soldat, chrétien fervent, gentilhomme par le cœur comme il l'était par le sang ; à ce portrait, vous avez reconnu le général de Pontevès.

« Louis - Jean - Baptiste - Edmond de Pontevès sortit de l'École militaire en 1824 ; quelques années plus tard il passa dans la garde royale ; il servait en 1832 avec le grade de lieutenant dans le 4e de ligne.

« Je le connus alors, et le connaître c'était l'aimer : il était jeune, ardent, chevaleresque ; il entrait dans la vie militaire avec deux qualités qui sont le plus sûr garant du succès dans notre carrière : *le culte de l'honneur, le culte du devoir.*

« Telle fut sa devise en Espagne, en Afrique, à Rome, partout où s'est fièrement montré notre drapeau. Cette devise fut la sienne partout et jusques à son dernier jour.... Jour de deuil et de larmes, si nous pensons à ceux qui ne sont plus ; jour de gloire, jour de triomphe, si nos regards s'arrêtent sur ces remparts qui fument, sur cette ville qui disparaît, comme pour apprendre au monde que le bras de la France c'est le bras de Dieu, quand il se lève pour protéger le faible et pour frapper le fort.

« Le bras de Dieu !! puisse sa bonté te recevoir dans sa grâce ! puisse-t-il accueillir ce cri, dernière expression de nos inconsolables regrets ! Adieu de Pontevès, adieu, notre ami ! Et vous cœurs intrépides frappés pour la même cause, ensevelis dans le même triomphe, Rivet, St.-Pol, Breton, de Marolles, Boudville, Cassaigne, Bizot, de Lourmel, Viennot, Hardy, Brancion, Lavarande, Malher, Brunet, Mayran... glorieuse phalange, noms impérissables. Adieu ! ».

« Le cœur du général de Pontevès a seul été embaumé ; mais cette dépouille est la plus noble partie de nous-mêmes. L'urne qui le renferme a été remise au capitaine de vaisseau commandant le *Friedland* et doit être rapportée prochainement à Marseille. »   *Pour extrait :* E. Roux.

Un de nos amis, absent de Marseille au moment où la nouvelle de la mort du général de Pontevès y fut connue, nous demande d'ajouter quelques mots à l'éloge de notre brave et malheureux compatriote, dont il fut le condisciple à la Flèche.

En publiant avec empressement les lignes si bien senties que nous adresse **M.** le baron de Flotte, nous sommes certains de répondre à la pensée publique qui sait bien aujourd'hui tout ce que l'armée a perdu, et avec elle notre cité.   E. Roux.

« La France vient de perdre un de ses plus héroïques soldats, Marseille un de ses plus aimés citoyens : — Le général Edmond de Pontevès a été tué à l'assaut de Malakoff.

« Un poëte, qui s'inspire aux grandes et saintes choses, a salué en beaux vers cette noble mémoire ; — qu'il soit permis à l'humble ami de suppléer, d'une main tremblante d'émotion, ce que de magnifiques strophes n'ont pu dire.

« Le nom des Pontevès brille à chaque page de notre histoire ; tous ceux qui l'ont porté en ont été dignes : tous se sont légué, de générations en générations, la foi chrétienne, l'honneur, l'élévation de l'âme, l'amour du pays, précieux héritage sur lequel chacun veillait comme sur la lampe du sanctuaire. — Fils des croisés, le général de Pontevès donne à sa race un nouvel éclat.

« Il sortait de ces écoles de La Flèche et de Saint-Cyr qui, s'ouvrant par le maréchal de Guébriant, comte de Budes, mort aussi sur le champ de bataille, livrent à notre admiration : le premier grenadier de France, la Tour-d'Auvergne; — Dupetit-Thouars qui, les deux cuisses emportées par un boulet, s'écrie : « Équipage du *Tonnant*, n'amène jamais « ton pavillon ! » — Hédouville, tombé martyr à Quiberon, et tant d'autres, plus rapprochés de nous et morts aussi pour la France, Froment-Coste, Damesme, Carbuccia, Hardy, Viénot, etc..... Brillante filiation de soldats qui comptent encore dans leurs rangs Bedeau, Renault, de Crény, d'Aurelle de Paladines, de Goyon, Mayran, Jamin, d'Exéa, etc... — Pontevès conquit bientôt sa place dans cette pléïade d'hommes de cœur, d'intelligence et de dévouement.

« Il fit ses premières armes en Espagne (1823), passa dans la Garde royale, puis en Afrique; — il ne dut son avancement qu'à son mérite; jamais il ne demanda rien, et on comprendra la portée de ce simple mot; les grades venaient le chercher, il ne fit jamais un pas vers eux. Bougie et Tiaret se souviennent de lui; chef de bataillon, revêtu d'un commandement de confiance, il gouverna Tiaret avec une loyauté, une abnégation, une probité, dignes des anciens jours. — Rome ne l'oubliera pas; là aussi, il y aura des larmes sur sa mémoire : le Souverain-Pontife l'appréciait et l'aimait comme un de ses fils les plus dévoués. — Dernièrement, il commandait une brigade à Rome; un régiment étant retiré, il n'avait plus l'emploi de son grade; il partit pour la Crimée, — et on sait le reste !

« Pontevès était adoré des soldats; il les aimait comme ses enfants, ils l'aimaient comme leur père. — Homme privé, nul n'eut autant de vrais et sincères amis; — modeste, il possédait des trésors de connaissances qu'il livrait à peine, même dans l'intimité, et qui étonnaient les hommes spéciaux; il savait tout, et n'osait le faire paraître. — Son énergique sensibilité, la grâce de ses manières, son affectueuse urbanité, qui n'enlevaient rien à la vigueur de son esprit, son

inépuisable bienfaisance, lui attiraient les plus profondes
sympathies. — La bonté, ce fut le fond de son caractère :

« Lorsque Dieu forma le cœur et les entrailles de l'homme,
« dit Bossuet, il y mit premièrement la bonté, comme le
« propre caractère de la nature divine, et pour être comme
« la marque de cette main bienfaisante dont nous sortons...
« Les cœurs sont à ce prix. »

« Cette exquise bonté, rayon divin qui éclaire et réchauffe
tout, fera surtout vivre Edmond de Pontevès dans la mémoire
de ses soldats, de ses camarades, de ses nombreux amis.

« La France sait sa mort héroïque, si belle et si pleurée ;
les annales militaires raconteront ses services ; — nous, qu'il
laisse ici-bas, nous parlerons de sa bonté ; nous nous rap-
pellerons ce front calme et pensif, ce visage serein, affable
et souriant, et, comme dit le poëte :

« De ton front grave et doux nous garderons l'image,
« Je ne sais quoi de triste y semblait un présage
« De la mort que, sans peur, de loin tu regardas.
« Ton âme pour nos temps fut trop pure, peut-être,
« Cependant nous t'aimions ; — qui savait te connaître,
 « T'aimait... comme un de tes soldats !
« J. AUTRAN. »

« De tous côtés, de la part de ceux qui ont eu des relations
avec Pontevès, arrivent les plus touchantes expressions de
regrets ; une de ces nobles parentes recevait ces lignes qui
le peignent si bien, qui achèvent de le faire connaître, c'est-
à-dire aimer : »

« Jamais perte ne sera plus universellement sentie, parce
« que jamais personne n'avait su attirer à un pareil degré
« la sympathie, l'affection, le respect de tout le monde. Où
« trouver une âme plus élevée, des sentiments plus délicats,
« un caractère à la fois plus énergique et plus sensible, un
« esprit plus sérieux et plus aimable ? Et, ce qui est bien

« plus rare encore, une modestie plus sincère, une plus
« complète abnégation de soi-même? Rien, en un mot, ne
« lui manquait de ce qui peut faire, autant que notre faible
« humanité en est capable, un être accompli; car c'était
« dans une piété profonde, dans une pratique fervente des
« devoirs religieux, que toutes ces belles qualités, qui lui
« étaient naturelles, prenaient encore un nouvel éclat; mais
« toutes ces vertus, qui nous rendaient Edmond si cher, la
« Providence permet qu'en ajoutant à nos regrets; elles
« nous servent en même temps de consolation; Dieu sans
« doute à cette heure les a dignement récompensées : la
« mort du soldat tombant glorieusement, l'épée à la main,
« est déjà bien belle; mais lorsque celui qui l'affronte s'élève
« encore au-dessus de toute gloire mondaine, de tout petit
« calcul d'ambition, et marche avec la seule idée d'un devoir
« accompli, c'est la mort d'un héros et d'un martyr. Le ciel
« seul peut en être la récompense, et notre brave et saint
« Edmond l'a déjà obtenue. »

« Oui, il est mort en héros et en chrétien : il était de ceux
qu'une sainte vie prépare à une sainte mort; la foi religieuse,
une piété angélique, compagnes de sa chevaleresque et calme
intrépidité, le suivaient dans les camps : — sans peur et
sans reproche; — *Rectè*, droit en avant, et le front décou-
vert! — C'est beau et c'est grand! — Mais ses amis qui
avaient le secret de tout ce que ce noble cœur renfermait de
bon, de doux, de fort et de généreux; — mais sa famille,
déjà si cruellement éprouvée, sa famille dont il était le
bonheur et la gloire, dont il n'est plus, hélas! que la gloire
et le deuil; — voilà ce qui reste sans consolation humaine! »

« Mais la mort ne rompt pas tous les nœuds de la vie. »

« Il y a de ces êtres aimés qui sont éternellement pleurés;
que notre cœur embaume des parfums d'un pieux et doulou-

reux souvenir, d'un impérissable regret : — Le général de Pontevès ne mourra qu'avec le dernier de ceux qui l'ont connu !   « GASTON DE FLOTTE. »

EXTRAIT DE L'UNIVERS DU 15 OCTOBRE.

(Passage d'une lettre écrite de Rome sous la date du 6 octobre).

« ..... Nous avons dit qu'on avait célébré à Saint-Louis un service funèbre solennel pour les officiers et soldats français morts sur le champ de bataille de la Crimée. En rappelant les noms des trois généraux Brunet, St.-Pol et Pontevès, morts sous les murs de Sébastopol, nous avons dit que leur mémoire était encore vivante à Rome, où ils avaient exercé tous les trois un commandement, surtout celle du général de Pontevès, dont les vertus et le dévouement au Saint-Siège ont été si parfaitement appréciés. Nous pouvons aujourd'hui donner une nouvelle preuve de la haute estime dans laquelle est resté à Rome le nom de ce brave et pieux officier et des regrets que sa mort y a causés. Un des prélats attachés à la personne du Saint-Père, qui était lié avec le général, n'a pas cru que la cérémonie collective de Saint-Louis fût suffisante pour témoigner dignement les sentiments d'estime et de pieuse sympathie que s'était acquis le défunt, et il a fait célébrer une messe solennelle de *Requiem* pour le repos de son âme, dans l'église de Saint-Marcel, paroisse du palais que le général habitait comme commandant de la place de Rome. Quoique cette cérémonie eut un caractère tout à fait privé et qu'aucune invitation n'eut été faite, une assistance nombreuse et distinguée s'y était néanmoins rendue. On y remarquait M. l'ambassadeur, un grand nombre d'officiers supérieurs et subalternes, des membres du clergé, de simples soldats, et même quelques ouvriers, dont le charitable général s'était montré le protecteur et le soutien. Les prières qui s'y sont faites sortaient de cœurs inspirés par l'amitié ou par la reconnaissance, et nul doute qu'elles n'aient touché le cœur de Dieu et contribué au soulagement d'une âme qui vivait dans la pratique des devoirs religieux, et qui a quitté la terre avec une confiance et une paix dont Dieu seul était la source.

« Du reste, le général de Pontevès a rendu à la cause du Saint-Siége plus de services que nous ne pensions. Il était au siège de Rome, et y prit une part très-active comme lieutenant-colonel du 15e Léger. A l'entrée de l'armée française à Rome, le général Oudinot le chargea d'organiser, sous le général Levaillant, les débris de l'ancienne armée pontificale qui s'étaient trouvés entraînés dans la révolution et demandaient à reprendre du service sous le gouvernement du Pape. Il commandait ces troupes au défilé qui eut lieu sur la place Saint-Pierre à la suite du *Te Deum* et du rétablissement du drapeau pontifical. Promu bientôt au grade de colonel du 75e de Ligne, il dut quitter Rome avant le retour de Pie IX, et ce fut pour lui une privation très-sensible de ne pas voir un jour qu'il avait si ardemment appelé de ses vœux et acheté par tant de fatigues. Plus tard, en 1854, il revint avec bonheur à Rome pour y commander la brigade qu'abandonnait le général de Cotte ; et quand le général Brunet, nommé au commandement d'une division en France, laissa vacant le commandement de la place de Rome, le général de Pontevès en fut chargé. C'est dans ce poste surtout qu'il laissa voir toutes les belles qualités de son âme et qu'il se fit aimer de tout le monde, Romains, Français et étrangers. Choisi bientôt pour commander une brigade de la Garde, il quitta Rome pour ne plus la revoir. Nos lecteurs savent le reste..........»

ExTRAIT DE LA GAZETTE DU MIDI DU 24 OCTOBRE.

Au cœur du général de Pontevès.

La paroisse de l'honorable famille de Pontevès, cette église de Saint-Charles à laquelle le brave et malheureux général songeait encore en mourant, et à qui il a légué une si généreuse aumône pour les pauvres, n'a pas voulu être ingrate envers sa mémoire. Avant de remettre l'urne contenant son cœur à la cathédrale, qui est, d'après les usages la paroisse des étrangers, Saint-Charles célèbrera demain un service funèbre auquel sont invités les nombreux amis du général.

M. le curé Leautier adresse aux journaux la note suivante :

« Le cœur du brave et pieux général de Pontevès, dont nous avons annoncé hier l'arrivée à Toulon, vient d'être transporté à Marseille, sa ville natale. — Ces précieux restes ont été déposés dans l'église de St.-Charles, où sera célébré un service funèbre auquel doivent assister les membres de la famille de l'honorable défunt, ainsi que les parents et amis. — Cette cérémonie aura lieu, demain mercredi, à 9 heures et demie.

« Jeudi, à 10 heures, les honneurs religieux et militaires seront rendus à notre excellent et si regrettable compatriote, avec toute la pompe due à son rang.

« Le convoi partira de la maison rue Grignan, n.º 45, pour se rendre à la cathédrale (St.-Martin). »

A cette occasion, nous avons pensé qu'on lirait avec émotion la poésie par laquelle Charles Poncy a salué le cœur du général, quand Toulon a reçu cette noble dépouille :

I.

La brumeuse Albion, la France au ciel d'azur,
Et le Piémont neigeux et l'Égypte torride,
Ont uni leurs efforts pour vaincre la Tauride :
Et leurs vaisseaux vers elle ont vogué d'un pas sûr.

Ils sont partis, portant dans leurs vastes entrailles
Nos généreux soldats prodigues de leur sang,
Et rien qu'à leur aspect, le Russe menaçant
A couru s'abriter derrière ses murailles.

Il fallait le chasser de ce nid de vautours
Où l'aigle à double tête aiguisait ses deux serres,
De ces murs de granit hérissés de tonnerres
D'où le fer et la mort pleuvaient du haut des tours !

Par dix mois de travaux, de siège et de bataille,
Nos soldats préludaient au grand jour de l'assaut.
Ils luttaient, le sourire aux lèvres, le front haut :
Ces géants rencontraient des rivaux à leur taille !

II.

Enfin le signal tonne : en avant, généraux !
Rivet, Breton, Saint-Pol, de Pontevès, Marolle !
A vous les premiers coups, à vous le premier rôle,
La palme du triomphe ou la mort des héros !

En avant, Mac-Mahon, Salles, Bosquet, Chassaignes !
Contre vous Malakoff et les sombres redans
Avec six cents canons ouvrent leurs feux ardents:
Il faut aller planter sur leurs murs vos enseignes !

Eh bien ! c'est fait. Les forts, les redans et les tours
Sont à nous... et l'on voit, dans la ville enflammée,
Les Russes fuir devant notre invincible armée,
Comme devant un aigle on voit fuir les vautours.

Mais après la victoire, hélas ! le deuil arrive.
Il faut compter les morts restés sur le chemin
Avec la balle au front et l'épée à la main ,
Pour qu'en son livre d'or la Gloire les inscrive.

III.

Avec cinq généraux, ses vaillants compagnons,
Pontevès est tombé sous le feu des canons ,
Tombé quand le succès jetait son cri suprême,
Et comme enseveli dans le triomphe même !

Lacérant sa poitrine où son noble cœur bout,
Le trépas l'a frappé par devant et debout !
Et parmi les guerriers dont la patrie est veuve,
Parmi ceux dont le sang a coulé comme un fleuve,
Ses soldats consternés, des sanglots dans la voix,
Ont emporté son corps sur le sanglant pavois.
Sous la terre conquise, à cette heure, il repose ;
Mais une mort pareille est une apothéose,
Et son cœur, son grand cœur par la France attendu ,
A sa ville natale est aujourd'hui rendu !

IV.

Salut , foyer de vie , ô funèbre relique
Que de pieuses mains recueillirent pour nous ,
Et qu'un vaisseau rapporte à ton ciel Massilique,
A ta famille en deuil qui t'embrasse à genoux.

Salut à toi ! semblable à l'oasis féconde
D'où germent tous les fruits dont l'homme se nourrit,
De ton sein rayonnait la lumière profonde
De toutes les vertus qu'on admire ou chérit.

L'armée applaudissait ton élan militaire ;
Tes soldats dévoués adoraient ta bonté.
Leurs mains ont confié tes cendres à la terre
Et conservé ton cœur à la postérité.

Ton courage avait lui sur tous les champs de guerre
Où, depuis quarante ans, nos drapeaux ont flotté :
En Espagne, en Afrique, à Rome, notre mère.
Rien ne t'avait jamais abattu ni dompté !

Mais ton heure arrivait ! — Fatale, elle s'approche
Au cadran du destin... le trépas t'a touché.
Tu meurs calme, en chrétien, sans peur et sans reproche ;
Et maintenant tu dors sur tes lauriers couché.

V.

Salut au héros mort ! Des pleurs à la mémoire
Du martyr de l'honneur qu'a tué le canon,
Et qui lègue en mourant : à la France, sa gloire,
Son cœur à sa famille, à l'histoire son nom !!!

Charles Poncy.

Octobre 1855.

Extrait du Courrier de Marseille du 26 octobre.

Ce matin a eu lieu le service funèbre en l'honneur du général comte de Pontevès, frappé mortellement à la prise de Malakoff. La pompe militaire déployée pour le cortège avait attiré sur tout son parcours des flots de population. On sait que le cœur seul de notre illustre compatriote avait été apporté à sa famille ; déposé dans une urne d'argent, il était porté par six sous-officiers décorés, de la garnison.

Derrière, un autre sous-officier décoré, portait sur un coussin les insignes du défunt. Les coins du poële étaient tenus par le général de division de Rostolan. M. de Crèvecœur, préfet, M. Honnorat, maire de Marseille, M. de Cambis, intendant militaire de la division, le général St.-Martin et un capitaine de vaisseau, ami de la famille de Sabran-Pontevès.

Le convoi s'était réuni à la maison mortuaire, rue Grignan, et s'est dirigé vers l'église St.-Martin où l'absoute a eu lieu.

Un piquet de gendarmerie ouvrait la marche du cortége. puis venait une batterie à cheval. Une deuxième batterie d'artillerie à pied tenait la tête de la haie que précédait la musique et les tambours drappés de noir du 89e de Ligne. Dans la haie, à la suite des parents du général, suivaient tous les corps d'officiers de la garnison, de nombreux fonctionnaires civils et militaires, plusieurs membres du corps consulaire et des officiers anglais. Une foule recueillie venait ensuite. Après les trois bataillons du 89e, marchait une batterie d'artillerie avec ses pièces. Un escadron de lanciers fermait la marche du cortége.

Arrivé au cimetière devant la tombe des Pontevès, et au moment où le cœur allait y être déposé, le général de Rostolan a rendu un dernier hommage aux vertus et au courage du général mort glorieusement dans un jour de victoire. Ému devant les restes de celui qui fut son ami, il a dû plusieurs fois interrompre son éloge funèbre au milieu des spectateurs attendris. Voici ces paroles que nous avons été assez heureux de pouvoir recueillir :

« MESSIEURS,

« Avant que cette tombe se referme pour jamais sur le brave général auquel nous venons rendre les derniers devoirs, permettez-moi de jeter un rapide coup-d'œil sur les principaux faits de cette vie si honorablement remplie et si glorieusement terminée.

« Dire simplement ce qu'a été, ce qu'a fait le général de Pontevès, c'est la meilleure manière de faire son éloge.

« Entré à l'école militaire en 1822, il en sortit deux ans après avec le grade de sous-lieutenant au 20e de Ligne qu'il rejoignit en Espagne. Il fut admis en 1829 dans la Garde royale qu'il ne quitta qu'après le licenciement de ce corps. Rappelé au service comme lieutenant au 4e de Ligne, il fit les campagnes de 1831 à 1834 en Afrique. Cité à l'ordre de l'armée, le 12 octobre 1835, il fut nommé chevalier de la Légion-d'Honneur.

« Promu capitaine en 1837 et chef de bataillon en 1844, il passa au 15e Léger en Afrique, où il commanda avec distinction jusqu'en 1847, le poste de Tiaret. Son caractère doux et bienveillant, son éducation parfaite, la connaissance qu'il avait des langues espagnole et arabe le rendirent précieux dans ces importantes fonctions.

« Lieutenant-colonel le 22 septembre 1847, M. de Pontevès fit avec le 15e Léger le siège de Rome en 1849, et obtint par sa belle conduite le grade de colonel. Nommé au commandement du 75e de Ligne le 26 juillet 1849, il fut promu commandeur de la Légion-d'Honneur en 1852, et général de brigade le 1er janvier 1854.

« Bientôt après M. de Pontevès est appelé à un commandement dans la division d'occupation à Rome, où le Saint-Père lui donna la grand-croix de l'ordre de St.-Grégoire-le-Grand.

« Nommé dans la Garde impériale, il partit au mois de juin dernier pour l'armée d'Orient. C'est à la tête d'une brigade de ce corps d'élite qu'il meurt glorieusement dans la grande journée du 8 septembre.

« Doué d'une grande modestie, le général de Pontevès

parvint par son seul mérite aux plus hauts grades de l'armée et aux emplois les plus recherchés.

« Nous l'avons vu se distinguer en Afrique, à Rome, enfin à Sébastopol où il tombe au nombre des vaillants soldats qui ont payé de leur vie l'un des plus beaux triomphes de notre histoire militaire.

« Adieu, mon brave général; une vie aussi pure, une fin aussi chrétienne doivent vous assurer l'éternité des justes où vous attend un frère si digne de votre nom, mort à la prise d'Alger, après avoir donné comme vous des preuves d'une éclatante valeur.

« Honneur à la famille qui a payé si noblement et si chèrement sa dette à la patrie. Espérons que son digne chef, si cruellement éprouvé par la perte de ses enfants, trouvera quelque consolation dans la part que l'armée et ses nombreux amis prennent à sa douleur.

« Adieu Pontevès, adieu mon ami. »

Vivement impressionné par cette scène touchante et ces adieux solennels, le cortège s'est retiré dans un profond recueillement, pendant que l'artillerie et la troupe de ligne rendaient les derniers honneurs à l'illustre chef dont la France et l'armée déplorent la perte.

EXTRAIT DE LA GAZETTE DU MIDI DU 31 OCTOBRE.

Un des écrivains les plus distingués de l'*Assemblée Nationale* revient aussi sur la mort du général de Pontevès, dans un article daté de Marseille :

« La tombe de ce héros, qui était un saint; de ce chevalier des anciens jours, qui réunissait en sa personne le triple caractère du chrétien, du gentilhomme et du soldat, dans leur acception la plus haute, a été entourée de toutes les consolations terrestres que la gloire puisse offrir à une race illustre, de toutes les consolations divines que puisse prodiguer la religion à une famille pieuse. Comme pour compléter encore cet hommage universel et lui faire parler la seule langue qui soit digne de lui, voilà que la poésie s'est émue; l'interprète qu'elle a choisi parmi nous lui était désigné par ces qualités du talent et de l'âme qui établissent entre un poëte et un sujet d'invincibles affinités. Qui mieux que M. Joseph Autran pouvait chanter le général de Pontevès? A qui revenait de droit l'honneur de ce tribut funèbre mieux qu'à l'auteur de *Milianah*, de *Laboureurs et Soldats*, de ces nobles et purs poëmes où vivent, dans toute leur simplicité virile, le génie guerrier de notre France, la sympathie ardente pour toutes les souffrances de notre armée, le culte passionné de ses héroïsmes et de ses grandeurs? Les strophes adressées par M. Joseph Autran à la mémoire du général de Pontevès compteront parmi ses meilleures inspirations, et en citer aujourd'hui un fragment est pour nous le plus sûr moyen d'honorer à la fois l'homme illustre que nous pleurons et le poëte éminent dont nous sommes fiers.

« Armand de Pontmartin.

« Marseille, le 23 Octobre. »

Narbonne, imprimerie de Caillard.